L'ENFANT DANS LES BOIS.

Mon Dieu! pardon, rendez le petit Juhel à son père; faites qu'il retrouve les sentiers frayés.....

L'ENFANT

DANS LES BOIS.

Le petit Juhel était comme moi : il aimait beaucoup les bois, les grands bois, les bois sombres et mystérieux.

Le petit Juhel était encore comme moi : il aimait beaucoup les petits ruisseaux qui serpentent à travers les bois, les grands bois, les bois sombres et mystérieux. Il aimait à suivre leur cours capricieux, à respirer leur douce fraîcheur, à écouter leur tendre murmure, et souvent il s'asseyait sur leurs bords solitaires pour ouïr et contempler le merle, le rossignol et les autres oiseaux qui venaient mêler leur voix mélodieuse à leur tendre murmure et baigner leurs ailes frémissantes dans leur douce fraîcheur.

Oh ! quel bonheur pour le petit Juhel, de voir et d'entendre tous ces aimables habitants des airs, voltiger et gazouiller autour de lui, près des eaux limpides, agiter le feuillage au-dessus de sa tête, se percher sans frayeur à sa gauche, à sa droite, et descendre de rameaux en rameaux jusqu'à la faible et dernière branche suspendue sur l'onde.

Quel bonheur, quand cette branche

légère, fléchissant sous son poids aérien, mais soutenue par ses élastiques ressorts, se courbait, se relevait, s'abaissait et se redressait encore, balançant ainsi l'oiseau folâtre qui, pour seconder la branche amie et compagne de ses jeux, étendait, agitait ses ailes au souffle du zéphyr.

Quel bonheur, quand l'oiseau, fatigué de cet amusement (car les oiseaux, comme nous, se lassent d'un plaisir qui dure trop) prenait son vol vers la rive, posait ses petites pattes si proprettes et si fines sur le sable menu ou sur les cailloux dorés, et s'avançait en sautillant, sautillant, jusqu'à l'élément liquide dans lequel il trempait d'abord le bec, puis enfonçait la tête, puis la plongeait jusqu'au cou, jusqu'aux épaules, puis les retirait vivement, secouant autour de lui mille perles transparentes dont les uns venaient glisser et se fondre sur le vernis de ses plumes, dont les autres retombaient en globules scintillants sur le cristal des eaux.

Oui, ce spectacle était bien beau pour l'œil contemplateur du petit Juhel, si beau qu'il ne se lassait point de le considérer, qu'il restait là, regardant et admirant toujours, tant qu'un oiseau restait aussi, se baignant encore dans l'eau fraîche et limpide.

Le petit Juhel ne se demandait pas s'il était près, s'il était loin du toit paternel; si depuis longtemps déjà il était entré dans les bois, si depuis longtemps ses pieds agiles avaient remonté ou descendu le cours capricieux du frais ruisseau; si depuis longtemps il était assis sur ses rives murmurantes. Non, le petit Juhel ne se demandait point tout cela, et comme les rayons du soleil perçaient à peine l'épais feuillage, il ne voyait point le jour insensiblement disparaître, ni la nuit étendre ses voiles. Souvent donc il rentrait tard, très-tard, le petit Juhel, et jetait l'inquiétude sous le toit paternel, parce qu'il avait pénétré bien avant, bien avant, dans les bois, dans les grands bois, les bois sombres ; parce que ses pieds agiles avaient tantôt remonté, tantôt descendu depuis longtemps le cours capricieux du frais ruisseau ; parce que depuis longtemps il était assis sur ses rives murmurantes, et qu'il lui fallait cheminer longuement pour regagner la plaine.

« Fils, disait à son retour le père du petit Juhel, je crains qu'un jour vous ne reveniez plus !

« Agneau qui s'attarde,
» Le loup le garde. »

» Je ne vous défends point d'aimer les bois, les grands bois, les bois sombres et mystérieux, ni les petits ruisseaux qui serpentent, ni les oiseaux qui viennent en gazouillant se baigner dans l'eau murmurante, l'eau fraîche des petits ruisseaux, moi aussi, je les ai aimés à votre âge.

» Mais mon père n'eut jamais à me dire :

» Fils, je crains qu'un jour vous ne reveniez plus des bois, des grands bois, des bois sombres;

« Agneau qui s'attarde,
» Le loup le garde. »

» Il est bon d'aimer les bois, les ruisseaux, les oiseaux; mais :

« Excès de tout ne vaut rien,
» Ce fût-il l'excès du bien. »

» O fils, vous avez d'ailleurs leçons à apprendre, besogne à remplir, prières à réciter, parents à obéir [1]. Et, pour

[1] *Il veut être obéi.* Dans cet exemple, obéi est participe passif, comme si *obéir* était verbe actif. DICT. de L'ACAD.

les grands bois sombres et mystérieux, pour les petits ruisseaux qui serpentent dans les grands bois, pour les oiseaux qui chantent sur le bord des petits ruisseaux et se baignent dans leur eau murmurante, vous négligez vos leçons à apprendre, votre besogne à remplir, vos prières à réciter, vous désobéissez à vos parents ; Fils, Dieu vous punira, et je crains, oui je crains qu'un jour enfin vous ne reveniez plus des bois, des grands bois, des bois sombres. »

Le petit Juhel écoutait son père en silence, mais toujours s'attardait dans les bois sombres et mystérieux ; toujours remontait ou descendait au loin le cours capricieux des ruisseaux, respirant leur douce fraîcheur, écoutant leur tendre murmure, et s'asseyant sur leurs bords solitaires pour ouïr et contempler le merle, le rossignol et les autres oiseaux qui venaient mêler leur voix mélodieuse au tendre murmure des ruisseaux et baigner leurs ailes frémissantes dans leur douce fraîcheur.

Pauvre petit Juhel!.... Un soir, que ce spectacle était si beau, trop beau pour son œil contemplateur, qu'il ne se lassait point de le considérer, qu'il restait là, regardant et admirant toujours, tant que resta le dernier oiseau à se baigner dans l'eau fraîche et limpide.

Le pauvre petit Juhel! Un soir que, depuis longtemps il était entré dans les bois, les grands bois; que depuis longtemps ses pieds agiles avaient remonté le cours capricieux du frais ruisseau; que depuis longtemps il était assis sur ses rives murmurantes.

Le pauvre petit Juhel! Un soir, comme les rayons du soleil perçaient à peine l'épais feuillage, il ne vit point le jour insensiblement disparaître, ni la nuit étendre ses voiles.

Le pauvre petit Juhel! Il chemina longuement, longuement, pour sortir des bois, des grands bois, des bois sombres; mais il était si loin, si loin qu'il ne sut retrouver aucun sentier frayé, et que plus il chemina, plus il s'égara, le pauvre petit Juhel!

« Mon père a dit vrai, soupira-t-il, en tombant de lassitude et d'angoisse, mon père a dit vrai, et ce jour est celui où je ne reviendrai plus des grands bois, des bois sombres. Oh! que j'aurais mieux fait d'obéir à mon père, d'apprendre mes leçons, de remplir ma besogne et de réciter mes prières! Dieu me punit, et je l'ai mérité. Mon Dieu, pardon! Rendez le petit Juhel à son père, faites-lui retrouver les sentiers frayés, et le petit Juhel ne s'attardera plus dans les bois, les grands bois sombres. »

Et le petit Juhel se leva, pensant être

exaucé, et il se remit à cheminer, cheminer longuement à travers les bois sombres; mais plus il cheminait, plus il s'égarait le pauvre petit Juhel !

Enfin il ne put davantage marcher, Ses pieds étaient meurtris, son corps s'affaissait; ses mains ensanglantées n'avaient plus la force de s'étendre pour écarter les branches et les épines qui déchiraient son visage; ses yeux ne distinguaient plus rien, tant étaient devenus sombres les grands bois, et sa tête allait frapper à chaque instant contre le tronc des arbres.

Une seconde fois il se laissa tomber de fatigue et de douleur, le pauvre petit Juhel. Il pensait à son père, à son père inquiet; à ses leçons qu'il eût mieux fait d'apprendre; à sa besogne qu'il aurait dû remplir; à ses prières qu'il se mit à réciter.

Et il pleura, et il cria, et il appela

son père qui ne l'entendait point et qui peut-être, hélas ! l'appelait aussi dans les bois, les grands bois sombres.

Et, après avoir bien pleuré, bien crié, bien appelé, il réfléchit qu'il lui était plus prudent de se taire, pour ne point attirer de son côté :

« Le loup qui garde
» L'enfant qui s'attarde. »

Et il se remit à prier, prier tout bas, joignant ses mains contre son cœur, ses mains ensanglantées.

Et en priant, il s'endormit, et dans son sommeil il eut un songe, un songe que voici :

Il rêva qu'il était couché sur le bord d'un ruisseau semblable à celui dont il aimait, hélas ! à suivre le cours capricieux, à respirer la douce fraîcheur, à écouter le tendre murmure.

Qu'étant couché il s'endormit.

Que dormant, il vit sortir de sa bouche, de sa propre bouche, une bête faite comme un rat.

Que ce rat se mit à courir, à bondir, à folâtrer tout le long du ruisseau.

Qu'il arriva à l'endroit guéable, et, de deux sauts, atteignit l'autre rive.

Que sur l'autre rive, il courut, bondit et folâtra de plus belle, s'en allant toujours bien loin, bien loin du gué.

Que tout à coup il revint effrayé, hors d'haleine, faisant mille et mille tours pour chercher le gué qu'il avait traversé et ne trouvant que des bords escarpés et périlleux.

Qu'un soldat qui passait en ce moment, touché de la piteuse position du rat, de ses tours et retours inquiets, de ses petits cris de détresse, l'avait pris en pitié, et, plaçant son fusil en travers sur le ruisseau, lui en avait fait un pont sur lequel le rat s'était empressé de passer. au risque de tomber vingt fois pour une dans les eaux ; après quoi, il était venu en toute hâte rentrer dans sa bouche, dans sa bouche d'où il était sorti.

Le petit Juhel s'éveilla, rêvant enfin qu'il venait, lui, de traverser péniblement sur un mince fil de fer, tendu de l'une à l'autre rive par deux mains miraculeuses, un fleuve immense qu'il avait vainement côtoyé pendant plusieurs jours.

En s'éveillant, le petit Juhel qui ne croyait pas le moins du monde n'être pas dans son lit, se trouva très-fatigué du songe qu'il avait fait, et, se disposant à le raconter à son père, il remua ses membres les uns après les autres, il remua ses membres pour les délasser.

Mais une épine piqua ses jambes, une branche blessa son bras, et sa tête, qu'il avait essayé de retourner, heurta lourdement un gros arbre. Il se ressouvint alors de la triste vérité, et pleura, pleura longtemps, en pensant à son rêve, à son rat, à son fleuve immense qu'il avait côtoyé plusieurs jours, et enfin au fil de fer tendu par les mains miraculeuses. — Emblêmes, s'imaginait-il, tristes emblêmes des difficultés qu'il éprouverait pour rejoindre le toit paternel, mais emblêmes d'espérance, puisque des mains bienfaisantes lui avaient ouvert enfin le passage du fleuve.

Cependant il entendait avec effroi le cri lugubre de la chouette, les sifflements des couleuvres et des crapauds, les aboiements glapissants des renards, et surtout les hurlements, les hurlements affreux des loups. Chaque fois que le feuillage s'agitait, c'était un de ces redoutables tyrans des bois qui s'approchait pour réaliser le proverbe de son père :

« Agneau qui s'attarde,
» Le loup le garde. »

Une fois, ce fut grande alarme; les branches frémirent d'abord au loin, ensuite elles furent vivement écartées près de sa tête, et trois ou quatre animaux se poursuivant passèrent presque sur son corps.

Oh! je vous assure qu'il était bien puni de sa désobéissance, le pauvre petit Juhel!

Enfin, comme l'enfance oublie vîte ses malheurs et que la fatigue est amie du repos, il se rendormit, sur sa couche, sur sa couche épineuse, le pauvre petit Juhel, au milieu de ses frayeurs et de ses angoisses.

Son sommeil fut agité. Il fit encore un rêve, et ce rêve je vais encore vous le dire.

Il voyait un nid de pinsons artistement enlacé sur les branches fourchues d'un arbre, non loin de lui.

Dans ce nid, quatre à cinq petits

affamés tendaient au dehors leurs becs démesurément ouverts et appelaient la becquée par leurs *cui, cui* confus.

Mais le père et la mère paraissaient occupés d'un tout autre soin que celui de satisfaire leur appétit, leur appétit criard. Ils voltigeaient de branche en branche à côté du nid, poussant de temps en temps *cui*, *cui* plaintif, et tournant leurs regards, visiblement inquiets, vers le bas de la branche à l'extrémité de laquelle était posé le nid.

Les yeux du petit Juhel suivirent ceux des pinsons, et il vit s'avancer à travers les feuilles et les fleurs une tête menaçante; un corps long et onduleux suivit bientôt cette tête, et le petit Juhel frémit en reconnaissant une énorme couleuvre qui se dirigeait vers le nid, vers le nid des pinsons. Le père et la mère, en la voyant s'approcher, battaient des ailes à sa rencontre et cherchaient à l'effrayer, à l'éloigner par leurs mouvements et par leurs cris; mais la couleuvre grimpait toujours et déjà elle entortillait de ses plis les branches mêmes entre lesquelles le nid était enlacé; déjà elle dressait sa tête vaillante en face des petits pinsons qui tendaient toujours leurs becs, leurs becs affamés, et sa large gueule allait s'ouvrir pour engloutir le plus voisin, lorsque le petit Juhel s'éveilla, et par un mouvement spontané jeta les yeux du côté où, dans son rêve, il avait vu le nid attaqué par le reptile.

Il fut bien surpris le pauvre petit Juhel en apercevant aux premières lueurs du jour qui commençait à poindre, le nid qu'il avait vu dans son rêve; et auprès du nid la couleuvre dressant sa tête hideuse en face des petits pinsons qui tendaient leurs becs affamés, et sa large gueule s'ouvrant pour les engloutir. Rêvait-il tout à l'heure, rêvait-il à présent?.... Il répondit en se levant en toute hâte, en cassant une longue baguette et en frappant à coups redoublés l'énorme couleuvre, qui tomba demi-morte à ses pieds ; il l'acheva en écartant sa tête hideuse, et les pinsons chantèrent en signe de reconnaissance et de joie, puis ils allèrent quérir la becquée pour leurs petits et remplirent leurs becs, leurs becs toujours tendus, leurs becs affamés.

Le petit Juhel les considéra quelques instants et il sentit que lui aussi il avait faim, car il n'avait point soupé la veille, et l'estomac d'un enfant est comme celui d'un oiseau ; il se fatigue vite et crie de grand matin ; mais qui lui donnera la becquée au petit Juhel? Il ne peut rien attendre que du ciel, au fond de ces bois, de ces grands bois. Le voilà donc à genoux le petit Juhel, priant avec ferveur, avec sincérité, comme prient les malheureux. A présent, il a moins faim, l'espérance le ranime et le soutient, il sera secouru, soulagé comme les petits pinsons. Il leur dit adieu, et s'avance.

Mais qu'entend-il dans ces arbres élevés? C'est le mouvement rapide de deux écureuils qui, dans leurs jeux aériens, sautent l'un après l'autre par-dessus les branches les plus éloignées et, dans leurs chutes volontaires, ressaisissant en bondissant une nouvelle branche d'où ils s'élancent avec plus d'agilité. Il admire tant d'élasticité, tant de grâce.

Des grognements répétés l'arrachent à cet agréable spectacle. Il regarde en bas, à travers le feuillage, et découvre deux gros sangliers suivis de leurs marcassins. L'un d'eux, armé de longues défenses, remue et soulève la terre dans laquelle les autres viennent fouiller pour trouver les racines dont ils font leurs délices.

Le petit Juhel se tient à l'écart, et, quand les sangliers ont pris le large, il continue silencieusement sa route.

Ciel! quel spectacle s'offre à ses yeux! Dans une clairière voisine, deux loups dévorent un innocent agneau, et leur voracité s'arrache les lambeaux de la malheureuse victime. Bientôt, à force coups de dents, le corps est séparé en deux parties, et chaque loup recule de quelques pas, entraînant la portion qu'il est parvenu à tirer de son côté.

Sur ces entrefaites, arrive un troisième loup apportant un second agneau qui bêlait encore et qu'il avait surpris peut-être, pensa le petit Juhel, se désaltèrant, loin des chiens et des bergers, dans son ruisseau limpide; car l'infortuné petit Juhel n'oubliait point les ruisseaux, les ruisseaux séduisants qui serpentent à travers les bois, les grands bois, les bois sombres et mystérieux.

A l'approche de leurs compagnons, les deux premiers loups se levèrent brusquement et allèrent flairer sa proie; après quoi, ils se remirent tranquillement en besogne, leur appétit glouton commençant à se fatiguer. Le troisième loup détacha d'abord la tête bêlante de son agneau, sans paraître touché de ses cris lamentables, de ses regards plaintifs et suppliants, le loup, le loup cruel.

Oh! si le petit Juhel avait été le plus fort, oh! comme il eût attaqué le loup, le loup cruel qui dévorait l'agneau bêlant encore, le pauvre agneau que le loup cruel avait peut-être surpris se désaltérant, loin des bergers et des chiens, dans le courant de son ruisseau limpide. Car son père l'avait bien dit :

« Agneau qui s'attarde.
» Le loup le garde ! »

Mais le petit Juhel n'était pas le plus fort, et le loup, le loup cruel dévora le pauvre agneau qui s'était attardé. Mais la faim du loup fut bientôt apaisée, et plus de la moitié de sa proie restait encore. Il fit signe aux autres loups qui vinrent lui aider à gratter la terre avec leurs pattes et à couvrir le reste de la proie d'un monceau de feuilles et de mousse; car telle est, m'ont affirmé les chasseurs, la coutume des loups; plus prudents que la plupart des hommes, ils prévoient la faim à venir et savent réserver pour le lendemain ce qu'ils ne mangent pas aujourd'hui.

Le petit Juhel se hâta de quitter cette scène d'horreur, où des os à demi-rongés des pieds, des têtes, des entrailles, des débris de laine et de peau sanglante jonchaient le gazon flétri.

Mémorable leçon pour le petit Juhel, qui ne cessait de répéter ces paroles :

« Agneau qui s'attarde,
» Le loup le garde. »

De quel côté tourner ses pas? Point de sentier frayé, pas la moindre trace pour le guider dans les bois, les grands bois. Où était-il, où allait-il? Il n'en savait rien le pauvre petit Juhel. Il avait si longuement cheminé la veille, et depuis les premières lueurs du jour il avait encore tant cheminé, cheminé, qu'il devait être bien loin, bien loin de la maison de son père, si, depuis qu'il cheminait, il cheminait à son encontre.

La maison de son père! où il trouvait toujours un lit moelleux, du pain et des fruits en abondance, des visages amis! Oh! comme il la regrettait, la maison de son père, le pauvre petit Juhel qui se ferait peut-être un lit moelleux dans les grands bois, mais qui n'y trouvait ni pain, ni fruits pour apaiser sa faim croissante, ni visages amis pour ranimer son courage défaillant.

— Son père!.... qu'il doit être malheureux, en ne voyant point revenir son fils, son cher fils !

Mais de quel côté tourner ses pas ? point de sentier frayé, pas la moindre trace pour guider le pauvre petit Juhel dans les bois, les grands bois. Il erre donc à l'aventure, se recommandant à Dieu, à la Vierge, à tous les Anges, à tous les Saints, les suppliant surtout de lui envoyer un fruit, un seul fruit pour calmer la faim qui le dévore ; car on était au milieu du jour, et le soleil, dans les endroits découverts, dardait en plein ses rayons sur la tête du pauvre petit Juhel.

Il marche encore une heure, deux heures, et arrive dans une vallée aérée où les oiseaux chantaient, où les abeilles bourdonnaient. Il s'assied désolé sur l'herbe épaisse, et là il pleure, il pleure la tête dans ses mains, puis il tombe à genoux et prie Dieu, la Vierge, les Anges et les Saints, de lui envoyer au moins un fruit, un seul fruit pour calmer la faim qui le dévore.

Est-elle exaucée, la prière du pauvre petit Juhel? Il lève les yeux du côté où les abeilles bourdonnaient. O bonheur inespéré! Un délicieux rayon de miel s'échappe du tronc d'un vieil arbre. L'enfant presque inanimé se soulève avec peine, et s'approche lentement de l'arbre, du bienheureux arbre d'où coule le délicieux rayon. Hélas! il était trop petit pour l'atteindre, et jamais, épuisé qu'il est de fatigue et de faim, jamais il n'aura la force de grimper; il essaie cependant; mais il n'a pas agité les premières branches que les abeilles, irritées sans doute de son audace, descendent en tumulte et cernent de toutes parts le jeune téméraire. Il tombe de peur et de faiblesse, et ses membres délicats achèvent de se meurtrir sur le sol.

Cependant les abeilles descendent toujours, toujours jusqu'à lui et l'entourent de leurs essaims murmurants. Bientôt elles effleurent dans leur vol agité ses mains et son visage tournés vers le ciel, et n'attendent probablement que le signal pour punir toutes à la fois l'insolent qui les a provoquées. Quelques-unes mêmes s'abaissent et se posent sur ses joues, s'approchent de sa bouche et paraissent vouloir y pénétrer pour mieux enfoncer leurs dards.

C'en est fait! le pauvre petit Juhel va périr.....

O prodige! prodige! au lieu de le piquer de leur cruel aiguillon, les abeilles, les abeilles compatissantes, déposent, les unes après les autres, chacune une goutte de miel sur ses lèvres et reprennent leur vol dans les airs. O bonnes abeilles, abeilles compatissantes, je vous remercie pour le pauvre petit Juhel!

Il était encore étendu sur le gazon , fort soulagé sans doute, mais rêvant à son infortune et désespérant de revoir encore ce jour-là la maison de son père, lorsqu'il crut entendre, à une certaine distance, des pas qui s'avançaient vers lui. Il prêta l'oreille avec anxiété et se leva soudain. C'était bien quelqu'un qui venait de son côté : ô bonheur, nouveau bonheur pour le petit Juhel ! Une vieille femme, chargée d'un lourd fardeau de bois, marchait péniblement, appuyée sur un bâton.

« Bonjour ! lui dit le petit Juhel.

— Bonjour, enfant, répondit la vieille en s'accotant, elle et son faix, contre un arbre. Eh ! comment vous trouvez-vous ici ? Je ne connais point votre visage, et je croyais qu'il n'y avait que la vieille Mahican à demeurer près de cette vallée, dans le bois, dans le grand bois sombre.

LE PETIT JUHEL.

Je ne demeure point près de cette vallée ; la maison de mon père est loin, bien loin, je crois. Mais, en allant voir les ruisseaux qui serpentent dans les bois, dans les grands bois, et les oiseaux qui se baignent le soir dans leur eau fraîche et limpide, je me suis égaré dans les bois, les grands bois sombres.

LA VIEILLE.

Ce n'est pourtant pas encore tout à fait le soir, le soir.

LE PETIT JUHEL.

C'est d'hier que je suis perdu dans les bois, dans les grands bois, et j'ai marché, presque toute la nuit, à travers les buissons et les ronces, et je marche depuis les premières lueurs du jour dans les bois, les grands bois, sans pouvoir trouver aucun sentier frayé.

LA VIEILLE.

Ah! c'est pourquoi vous avez les

mains sanglantes et le visage déchiré par les épines. Adieu, adieu, cheminez la nuit encore, et vous trouverez peut-être quelque sentier frayé. »

Et ce disant, la vieille se remettait en route avec son faix de bois.

LE PETIT JUHEL (*la suivant*).

Je vous en prie, ayez pitié de moi, ne m'abandonnez pas.

LA VIEILLE.

La vieille Mahican n'a point pitié des petits enfants désobéissants et paresseux qui laissent leurs leçons à apprendre, leur besogne à remplir et leurs prières à réciter, pour s'égarer dans les bois, les grands bois sombres. Cheminez, cheminez encore, et vous trouverez peut-être quelque sentier frayé.

LE PETIT JUHEL (*suivant toujours*).

Si vous n'avez pitié de moi, ayez pitié de mon père qui va me croire à jamais perdu, dévoré par les loups.

LA VIEILLE.

Il a raison, votre père, il a raison.

« Agneau qui s'attarde,
» Le loup le garde. »

LE PETIT JUHEL.

Je le sais bien, allez, et mon père me l'avait déjà dit.

LA VIEILLE, *(hâtant le pas et faisant comme si elle voulait l'écarter avec son bâton)*.

Adieu, adieu, vous dis-je. La vieille Mahican a toute autre chose à faire que de remettre dans leur chemin les petits enfants désobéissants et paresseux qui laissent leurs leçons à apprendre, leur besogne à remplir, et leurs prières à réciter pour s'égarer dans les bois, les grands bois sombres.

LE PETIT JUHEL *(pleurant)*.

Je serai bien obéissant et laborieux, si vous prenez pitié de moi.

LA VIEILLE *(s'arrêtant et fixant ses yeux*

investigateurs sur les yeux humides du petit Juhel).

Est-ce vrai, ce que vous dites?

LE PETIT JUHEL (*tremblant*).

Oui, je vous le promets.

LA VIEILLE (*qui paraît satisfaite*).

Comment s'appellent votre village et la maison de votre père?

LE PETIT JUHEL (*tout joyeux*).

Notre village s'appelle *St.-Barthevin*, et la maison de mon père : *La Plante.*

LA VIEILLE.

Alors c'est là-bas, là-bas, derrière les montagnes où le soleil se couche; mais vous n'y sauriez arriver ce soir, à moins de traverser le torrent dangereux qui bouillonne ici près, et sur lequel les bûcherons ont jeté un arbre en guise de pont.

LE PETIT JUHEL.

Oh! si vous étiez assez bonne pour me conduire! mon père est riche, vous serez bien récompensée.

Jamais l'argent n'a tenté la vieille Mahican, chaque fois qu'il s'est agi d'une bonne œuvre ; mais vous m'intéressez, petit garçon, et je vous reconduirai à travers les bois, les grands bois jusqu'à votre village, jusqu'à la maison de votre père. Il aura bien un lit et du pain pour la vieille Mahican, n'est-ce pas, votre père? Allons, je laisse là mon fagot que je retrouverai plus tard. En route, en route, petit garçon. »

Le petit Juhel fut prompt à obéir cette fois, et sans se souvenir de sa fatigue, il suivit la vieille femme qui trottinait, trottinait, appuyée sur son bâton. Elle traversa le torrent en s'attachant avec les pieds, avec les mains à l'arbre vacillant, et son jeune compagnon fut obligé de l'imiter pour ne pas s'exposer à tomber dans l'abîme.

Après le passage du torrent, le petit Juhel et la vieille marchèrent encore pendant une heure environ; puis le petit Juhel reconnut ses bois, ses grands bois, ses bois sombres et mystérieux, et il entendit le murmure de ses petits ruisseaux serpentant dans les bois, les grands bois, les bois mystérieux; et il vit le merle, le rossignol et les autres oiseaux qui allaient se baigner dans leurs ondes fraîches et limpides. Puis, il découvrit la maison de son père; puis il aperçut son père qui pleurait à la porte de sa maison; puis il courut se jeter dans ses bras; puis la vieille Mahican dit au père, au père consolé :

« Il me l'a bien promis, il ne laissera plus ses leçons à apprendre, sa besogne à remplir, ses prières à réciter; il ne quittera plus son père, pour aller s'attarder le soir dans les bois, les grands bois, les bois sombres. »

Et le petit Juhel dit à son tour :

« Non, mon père, non; je ne vous désobéirai plus pour m'aller perdre le soir dans les bois, les grands bois, les bois sombres. »

Et le petit Juhel fit comme il avait dit : il ne laissa plus ses leçons à apprendre, sa besogne à remplir, ses prières à réciter; il ne quitta plus son père, pour aller s'égarer le soir dans les bois, les grands bois, les bois sombres et mystérieux.

FIN.

Lille, imp. de L. Lefort. 1840.

www.ingramcontent.com/pod-product-compliance
Lightning Source LLC
LaVergne TN
LVHW021637170726
843501LV00007B/2267

* 9 7 8 2 3 2 9 6 5 3 2 4 2 *